아스페리타스의 외출

애지시선 132

아스페리타스의 외출

2025년 11월 15일 초판 1쇄 발행

지은이 황은경
펴낸이 윤영진
기획편집 함순례
홍보 한천규
펴낸곳 도서출판 애지
등록 제 2005-000005호
주소 34570 대전광역시 동구 대전천북로 12
전화 042 637 9942
팩스 042 635 9941
전자우편 ejiweb@daum.net
ⓒ황은경 2025
ISBN 979-11-91719-39-0 03810

* 이 책은 대전광역시, (재)대전문화재단에서 사업비 일부를 지원받았습니다.

애지시선 132

아스페리타스의 외출

황은경 시집

춥고 어두운 새벽이 지났다.
거친 항해를 하고 무사히 집으로 돌아온 선장을
생각하며 시대의 트라우마를 새긴 심장을 다독인다.

하루를 쪼개면 한 시간을 더 늘리고 사는 느낌이랄까?
나이 들면서 더 바쁜 거는 왜일까?
아직 갈증을 채우지 못해 세상에 할 일이 많나 보다.

자유롭게 되기까지의 수많은 저항
아름다운 사슬을 풀어가며 고통을 즐기는 중이다.

또다시 마지막 계절이다.

2025년 늦가을 입구에서
황은경

차례

제2부 몸의 꽃

제3부 삐딱하게

제4부 통증을 기다리는 법

〈일러두기〉

*본문에서)는 '단락 공백 표시'로 한 연이 새로 시작된다는 표시이다.

제1부
미안해서

온전한 것

　사각의 틀을 비집고 나오는 혼탁의 중력

　아닐 거라는 안일한 논리 앞에

　주저앉은 결과를 눌러버린 미련한 압화여

　니체의 다리를 잡고라도 함부르크 법전의 정의에 날개
를 잡아 물어보리라

　아직은 사위지 못한 온전한 것의 자리는 만들지 못했으
니 만나야겠다, 그대를 꼭

하얀 나비

라인이 예쁜 활명수 병을 만지면
어릴 적 내 아픈 배를 쓰다듬던 손이 떠올라
거친 깍쟁이가 붙은 조개껍질 느낌
찬물에 담근 손은 차가웠고
손을 떼면 더 아프다고 뒹굴었던 시간이

자꾸 날 울려

배를 갈라 자식을 꺼낸 자리 쓰다듬으며
자식 키우던 출렁이는 삶 신기루처럼 사라져
남아있는 흉터가 올라와
붉게 국경을 만들어

울퉁불퉁

하얀 나비로 날아간 나뭇잎처럼 물드는
마른 꽃 같은 마음은, 숨 쉬는 일도 두려운 출렁거림은

〉

엄마, 울컥울컥 이별을 생각하며 살지 않을래

겨울꽃

사랑이 뻗어가던 자리를 자르고
외투를 덮어주었네
잎 하나 허투루 버려지지 않았지
가벼이 사라진 것들이
무거운 뿌리가 되어
긴 시간 서로 눈 맞춤하며
침묵을 배우는 동안

잎 진 자리에
마데카솔 가루처럼 하얀 눈이 내리고
하늘이 덮어주는 온기만으로
상처는 깊고 푸르게 잠들었어

믿어볼게요
상처에 갇힌 영혼이
옹알이처럼 미약한 빛으로
스스로를 터뜨릴 순간을

깊은 겨울의 끝에

아름다운 사랑은

무엇 하나 조건 없이 피어날 것을

역

이곳을 찾아간다는 것은 위로를 찾는 것이다
어디로 갈지 갈등의 눈동자가 많이 있고

어딘가 꼭 가야만 할 곳으로 표를 끊는다
네가 떠나갈 때도 말없이 표를 끊어 줬었다

소식을 기다리다 성질 급한 사람들
달려가는 기차에 몸을 싣는 것은

늘 달려가던 심장에 다시 빠지고 싶은
한 가닥 희망일 수도 있는 것이다

기다림은 고요만 이끌고
승차 시간은 기대와 설렘으로 벅차오르지만

어쩌다가
어쩌다가

〉
위로를 바라는 이의 어깨를 부딪치며
오늘, 이곳 역은 살고 싶은 사람뿐이다

가야 하기에 숨을 고르며 기다리는 곳
졸린 눈동자 시계탑을 보는

행진곡

귓속에서 계속 벨을 누른다
몸이 사는 곳에 호적도 없는 동거인은
어느 날부터 연주하고 있다

수년 전 매미가 울던 시절에는 무섭기도 하고
벌레가 뇌 속에서 집을 지어 사는 줄 알았다
매미가 울면 멀미를 하는 게 순서였다

입춘이 지나 꽃잎도 노래를 부르지만
몸에 사는 나무는 암묵적인 지휘자가 되고
파도처럼 휩쓸리는 게 일상이 된 시간

머릿속에 관람차가 돌고 있고
회전목마가 신나게 돌며 부르는 행진곡
달팽이집으로 돌아가고 싶은 관람객 한 사람

유효기간

날을 계산하고 가늠하기가 쉬운 게 없다.

삶의 유효 기간에 날인이 찍히는 날
숨통이 미로가 되고 생각이 멈추겠지만 꿈을 더하여 마
지막을 표식하고 싶다. 허락한다면 사지육신의 마디마다
다 다른 어둠의 경직을 말하고 싶다. 정답으로 하나를 말
하기보다 세상에 밟히는 풀처럼 눌리며 지나친 순간을 밀
어내지 말고, 거둬들이고 싶다.

공간을 채우는 날까지 멈추지 않고 살고 있어,

도살장에 표식 된 파란 숫자의 매끈한 인식 앞에 나누
어지는 쓰임새처럼 구분되어야 시원하지 않겠는가.
사람의 따뜻한 미소에 많은 사람의 영혼이 편안하였다
고 말해준다면 너무 좋지 않겠는가 생각해 본다. 태어난
생에 마감한 생까지 모두 맨홀에 빨려 들어가는 날.

뚝, 툭, 톡

빗물 뚝뚝 흘러가다
바위 툭 치고 흘러가다
낚시찌에 톡 걸렸다

이제 방생 끝이다

미안해서

　어쩌다 보니 복숭아처럼 고운 가슴에 불을 질렀지. 그 럴 줄 몰랐고 서운함이 서해처럼 흐를 줄도 몰랐어. 바다에 널린 모시조개 속에서 살다 왔나 봐. 해감하지 않는 조 개여서 더 속이 좁았었나 봐. 마음 다칠 줄 알고 던진 건 아니니까 동해 깊은 속 닮은 네가 봐줘라. 미안해서 서해 갯벌에 있는 내 닮은 모시조개 주우러 다녀올게.

슬픔의 맛

슬픔이 깊어 수렁 같다는 여자

뿌리의 반은 몰랐으면 했고 반은 볕에 널어 말라버린 가슴을 드러내놓아도 못 보는 사람들

초록 혀로 살고 싶었던 여자와 검은 혀로 감으려 했던 사람들에게

대문밖에 한 줄로 세워놓고 묻고 싶었다

펄럭이는 치마만 보고도, 술 냄새, 부아가 풍긴다는 것

스치기만 해도 정분난다는 것이 고매한 편견인가?

대신할 수 있는 삶이란 없는 것

두루치기 붉은 혀가 변해 버린 맛

지옥의 문이 열린 거였어

수렁은 당신의 슬픔만큼만 가라앉지 않았고 침묵하는 소리만큼도 아우성을 비켜 갈 수가 없었다

차라리 타는 촛농에 녹일 수 있는 따뜻한 몸뚱어리 하나

검은 덤불에 뚝 던져 버리고 미련 없는 산비둘기가 되어 사는 맛도 슬픔이 녹아내린 눈물이 되지 않을까?

유목민

거침없는 차표를 얻었다
동쪽의 밝은 해를 안고
서쪽의 붉은 노을의 노래를 품고
꿈을 풀어 놓을 대지에 초록을 품고
바삐 돌아가는 초침을 잡을 나비로
환영받는 자리에 다가서고 싶어
되돌리는 아픔을 다시 맞이하기 싫어
아름다운 풍경이 머무는 곳에
변하지 않는 거리를 만들고 싶어
세상을 변하지 못하게 할 수 있는 일도 있어
이 길을 달려가는 차표에 찍힌 도착지
그 동네에 가고 싶어 잠 못 들던
별의 길을 따라가는 유목민처럼

단절

한 몸도 아니니
나눌 필요는 없건만
정신적이니
육체적이니
나눠보니 이분법을 하는 아메바도 아니고
오로지 뇌가 있는 인간의 자격이란다
창가에 선 사람들의 말은 흐릿하다
갯바람보다 짠 모래 위 튕겨 올라오는 언어
해수욕하는 붉은 여름에 길을 헤매던 두꺼비
육지와 바다의 경계를 점유하는 행복한 꽃게들
한 치 걸러 두 치 날리는 비소
탁탁탁

말의 꽃말

어느 자리에 머문 인연
나와 어떤 깊은 상관이 있었는지 모른다
잊은 후 꿈이라고 한 번 더 생각하고 기다리던
삶의 간절을 담은 기도에는 생명이 살고 걷는 중에도
삶의 연결고리가 이끄는 것을 꿈이라 정했다

어깨를 쭉 내리고 앞서 걷는 피붙이에게 어떤 말을 해
주어야 할지 망설이다가 어디 가냐고, 밥 먹었냐고 그 말
밖에 못 하던 부모였었기에 모자란 한마디 뭔 일 있는 거
냐고, 이제야 묻고 싶어지는 좁쌀만 한 소견머리를 탓하
는 것이 오직 할 일이었다고

해맑은 사람에게 웃음을 던지는 게 좋아
지혜로운 소통을 하는 사람이 좋고
초록에 물든 말을 던지는 사람도 좋아
못 하는 말의 꽃, 누구라도 둥글둥글 피워 줬으면 좋겠어
〉

부탁이야
모자라면 채우는 자리에서 만나고
넘치면 뒤 한번 돌아보고
언덕길 만나면 쉬엄쉬엄 들어도 좋은 말
사람 둘이 기댄 한자의 의미로 소통하는
편안한 말을 해 주면 좋겠어

세상의 별이 모두 모여 만나도 좋을 시간을,
말을 품는 꽃으로, 후회 없이 만나야 하는데

멈춘 시계

한 이야기에 모두 집중하면서도
호리병은 계속 뿌연 연기를 뿜는다
병을 쥔 자와 흔드는 자
사병되어 움직인다
아버지에게 젖을 물려 배고픔을 잊게 한 그림
갖은 추측을 했던 그림, 카리타스 로마나
누구에게 물어봐도
생살에 촛농이 떨어지는 아픔도
저기에 비하면 아무것도 아니었다
남과 여의 시선의 과녁은 농염하지만
살과 살이 닿아 뭘 했는지의 궁금증
관념은 생사의 권리를 잃었다
시선을 거둬라
딸의 숭고한 행위는 세상을 점멸시킬 순간이다
아니다, 이제 못 그린다

슬픈 현실의 고독사는 멈춘 시계다

붉은 달이 기운다

효孝는 누구의 몫인가

소리 없는 저격수

검은 구름을 벗어나려다
낙마한 여자
히잡이라는 천 조각의 말馬을 타고
세상 밖으로 달아나려 했다

그녀의 발걸음을 쫓는
총성 없는 총구가 저녁마다 조준하고 있다
하늘에 걸린 CCTV가
유혈이 낭자하던 순간을 증언하는
침묵하는 증인이자 저격수

신과 전통이 합체한 총신이
머릿속에 내장된 총구로부터
어떤 언어도 발음되지 않았다
총구를 물고 머리칼을 태우는 여자들의 불길,
검은 천이 찢기는 소리가
최고의 증언을 낭독한다

〉
말세라 외치던 사람들이 발 디딘 곳
이 세기를 걸친 발자국들이
큰길가, 동네 공원, 어디에도 없는 그 자리
죽음이 발화하는 곳에서 혁명은 언제나 시작된다

낙원

사막의 가는 모래알이

온몸을 감싸 안는 날은

사구에 밀린 시간을 보는 날

세상에서

가장 가벼운 공기를 마중 가는 길

제2부
몸의 꽃

먼 곳에 있다

거리를 좁히고 나를 크게 만들어도
먼 곳에 사는 사람은 보이지 않아
불편한 마음을 두고 오는 중이다

가깝게 지내다 보면 미처 알지 못한 목록
다른 섬에 먼 소원을 두고 오는데
찔레꽃은 피는 중이다

굽이굽이 넘어야 했던 고민을
묻고 떠나는 날이 되기를
먼 곳에 묻고 싶었던 작은 힘

가깝게 밀리지 않을 사이로
지나가는 구급차 사이렌 소리만큼
급하지 말기를 기도하는 중이다

같이 할 틈은 멀리서 다가오는 중이다

마중 가는 길

가고 싶었지

그리워한 순간이 죽은 그림자가 됐어
잡으려 해도 안개 속에 사라진 짧은 꿈이었지
아쉬워서 마을 입구 당산나무 앞에서 목 놓아 울었고

그리움인 줄 몰랐지
사라지는 어둠 속으로 내가 걸어가고 싶을 줄은
머리에 박혀 살던 그림자 날 자꾸 불렀어

근데, 그림자가 슬퍼 보였어
얼기설기 끈을 잡고 걷고 있었지

칼 한 자루 꺼내서 끊어주고 싶었지만,
핏물 밴 옷자락을 보니
그들은 세월과 고군분투하며 깊게 믿고 있었지
〉

견뎌내는 게 그리움의 길인가 싶었어
슬픈 족쇄를 넝마처럼 감싸고 살고 있었지

손을 잡아 이끌고 삼수갑산을 넘는 게 보여
인연의 감정을 꺼내 나눠보는 길은
그리움을 심는 또 다른 인고라는 게 느껴졌어

저 멀리 처량하게 슬픈 피리 소리 들려오고
우린 춤을 추며 의식을 치르는 날을 보냈지
밤을 보내는 그리움 만나, 몰래 웃으며

몸의 꽃

우주가 멀리 있는 줄 알았다
황소의 마지막 워낭소리 들으며
슬프다 못해 아팠던 어린 마음
풀썩 주저앉던 서러움
토끼풀꽃 한 움큼 쥐어뜯고
세상에 터진 울음소리

아침과 저녁을 밝히는 빛의 집
사람의 머리 위에 저 태양이라는 등
사람의 마음 위에 저 달이라는 등
사람이 대체 뭐길래 자연은 조연이고
사람은 대체 뭐길래 항상 주연일까?

연하게 돋아 단단한 결을 만나
화사한 꽃을 피우기까지 흘러가야 할
시간이 짧은 몸의 꽃길을 보라
당신은 우주다

습지

그곳에는 물컹거리는 의자가 있다
흐물흐물 쓰러질 듯하면서
기대지 않았어도
흔들리는 의자가 있다

간혹 물귀신처럼 잡아당기는
끈적한 풀뿌리, 사람들 사이에 낀
오해와 불신 같다
공유할 수 없는 물방울이다

플랑크톤의 울음소리에
펄에 사는 작은 그들은 일어나고
볕을 향한 경배,
늘어진 미루나무와 악수를 한다

사철 쇠기러기 꾹꾹대며
호수를 떠나간다

구겨진 계절 앞에서

그럴 수는 없다고 생각할 틈도 없이 나타난 도사, 사이비 목사 물음표를 안고 잊지 못할 두 시간을 만든 나라에는 종이호랑이가 산다

눈은 오는데 눈물이 나고
화석처럼 박힌 계절의 순환이다

번개탄 피우며 따뜻한 밤을 고대하던 미아리 고갯길 월세방 전설을 잊지 못한 설움까지 울컥 올라오고
길가에 수북한 연탄재를 던지면 얼어 터진 큰길가에 마지막 사명인 양 그래도 잘 굴렀는데

밤새 갈라진 방 틈새로 들어온 무서운 손님
연탄가스에 생을 가볍게 내줄 뻔도 했다

아침 일찍 길가에 벼룩시장이 서고
참깨랑 고소한 들기름 향 맡으며 나서는 입구

뽑기 영감은 일찍부터 소다와 설탕을 푼다
오 원짜리 코 묻은 돈은 늘 풀어놓을 것이기에

지하철에 승차한다
미아리 고갯길도 시장 입구도 모래시계가 몇 백만 번
뒤집혔다
이젠 살았다

인생 투사

기름진 검정 때에 절어버린 군복을 입고
여공들의 고장 난 재봉틀을 고쳐주던 아저씨
얼마 전 기계에 발가락이 끼여 절뚝거리며 일을 하셨다
사무실 최 과장이 던져 준 봉투에 병원비 오만 원 받았
다고

두꺼운 바늘을 갈아 끼우다가 박혀버린
친구의 손을 조심스럽게 빼주며 양호실로 데려갔다
세 번째다
사춘기 소녀의 손가락에 껴 있는 골무도 뚫어버린
전기 재봉틀의 두꺼운 바늘

얼마나 아픈지는 박혀 보지 않은 사람은 모를 것이다
꼭꼭 싸매고 다시 재봉틀을 굴려야 했던 사람들
그날 할당량의 일을 해놔야 월급에, 수당이 나온다고
저녁 무렵까지 남아서 아린 손으로 마무리했던
고달팠던 내 친구

〉

너무 손가락이 자주 아파서 열여덟 살에

감자 많이 나는 강원도 인재로 팔리듯 시집갔다

그 아픈 손가락에 순금 쌍가락지 석 돈 미리 받고

스페어spare

사랑 없는 눈짓도 발걸음도 모두 가짜다
내게 머문 가짜 나부랭이를 잘도 참아냈다

날 대신할 사람은 없어
널 대신할 사람도 없고

반대로 되돌려도 정답만 진짜지

허무한 가짜를 안고 버틴 나를 내가 위로하는 시간
아니, 그냥 쉽게 한번 울고 추모해 줘라

같잖은 인생 같아 보이겠지만
별수 없는 인간의 허물을 쓴 나비
비워진 틈새에서 숨 쉬어봐

가려운 공기 사이로 달리는 무적 차량
몸에 맞는 옷을 나르는 상가

〉
문을 닫았다

가림막
— 공명

오늘 잃어버린 귀를 찾는다
조용히 있어도 뺏겨버린 통로
달팽이관 뚫고 소리로 들어와
귀를 울린 자

사탕만큼 달았거나
온몸의 열기로 돌만큼 유혹했거나
아님, 약점으로 숨어 있는
외로움을 붙들었거나

귀를 잠시 품앗이시켰다
듣지 말아야 할 말
켜켜이 주름진 곳까지 들어와 살고
따뜻한 물로 씻어도 남는 귀밑 말

살가운 귓속말 더는 못한다
지우려다 혹한에 얼어붙고

마지막 숨겨둔 티끌마저

묵은 귓밥에 얹어 들었던 말을 내보내고

슬픈만큼 슬픔을 구하는 길

가을 잔가지 끝에 매달린 잎새
오래 견뎌왔는지 힘겹게 소리친다
천변과 고샅 사이 갈대의 외침도
바람 부는 대로 흔들리며
윤슬의 낯가림으로 온
삶의 올가미 사연을 남긴다

길을 가도록 떠미는 침묵
질리도록 저문 가슴이 울면
바닥 끝에서부터 나를 구할 책임으로 산다
산다고 다 살아있는 게 아닌 허공의 양날
묻지 못한 사연을 매단 저녁도
적지 못할 슬픈 시를 남긴다

찬란한 삶까지는 오르지 못한
작은 문을 두드리는 슬픈 양 떼
들판의 풀을 뜯는 기쁨이 그리워

한없이 흐르는 눈물의 맛

거친 시간의 터를 남기는 이유는

아름다운 슬픔을 감춰두고 살기에

저항

멈출 수 없는 파도를 만나 손을 잡았다
두 손에 가득 찬 파문의 물결
파란 하늘마저 울어버릴 떨림을 느낀 소름 돋는 백야
우리는 몽돌 되어 구르며 말하고 노래를 한다

해 저물 무렵에 다녀간 오늘이라는 손님을 보내려는 마
을에 나는 살고 있다
마을 어귀에 저녁밥 짓는 연기가 사락사락 올라올 땐
꼬르륵 소리가 뱃고동처럼 울렸다

그랬다

달이 뜬 밤을 하얗게 지새우면 톨스토이의 우직한 글귀
가 밤새 동네를 휘젓고 돌아다녔다
아궁이 장작 소리와 누룽지 냄새가 세상의 바다를 지켰
고 그날, 선장과 나는 떠오르는 저항군이 되어 만국기를
흔든다

〉
뻐꾸기 울음소리만 힘겹게 들리는 저녁에

그림자의 고향

그늘로 사느라고 애썼다
이제, 헤어져야 할 시간
뗄 수 없던 방황의 징검다리
나무로 살던 그림자
사람으로 살던 그림자
꽃과 나비로 살던 그림자
서산으로 뉘엿뉘엿 지던 노을의 그림자
가둘 수 없는 망망대해 허공
너의 그림자 웃기도 울기도 하는 순간
허물을 벗는 인간의 나약함
집도 절도 없는 고독한 발칙함으로

짧은

하루의 짧은 노래를 반복하여 되돌려본다.

짧은 사이로 짧은 틈새로 짧은 마디로 짧은 거리로 날마다 쳇바퀴 돌듯 돌아가는 긴장의 맛 짧은 아침 짧은 점심 짧은 저녁 그리고 짧은 밤 짧은 새벽. 하늘땅에서 공기를 잡는 짧은 시계는 순간순간을 기다리는 이름 없는 역. 기다리지 말라는 마지막 이별은 짧았고 간단했고 서글펐지만, 떠나는 완행열차 꼬리도 짧기만 했다. 긴 머리 짧게 자른 날 잘라낸 인연, 멀어지는 순간도 짧고 가볍게 때론 덜어내고 더 가볍게 짧고 짧게 순간을 재단하는 여자.

계산서

대동강 물 팔아먹은 위인
조선팔도 힘없다고 제 것처럼 팔아먹은 역적
나라를 분단으로 이끈 열강의 붉은 깃발
내 인생 위자료도 없이 끝낸 그 사람
집 팔고 종종 산까지 팔아먹은 못된 종손
뻘건 인주로 계약서 물들이고
벼락 맞은 대추나무 인감으로 끝냈다
울며불며 날아간 피붙이 같던 과거 앞에
세상에 항명하듯 사라지는 자리를
물 한 통, 나라 분단, 위로 한 푼, 보상 한목에 넘겼다
그래도, 세상에 사라지지 않을 계산이 살아 있다
어머니는 아무런 요구도 없으셨다
그냥 좋으시다면 좋았던
탯줄 계산서가 있다
첫째
둘째
셋째

-
-
-
-

누수

진물이 터져버린 구멍
새어나가는 길이 방법이라면 꼭 가야겠지
눈에 보이지 않을 때까지

사구에 핀 꽃 문

흙내 나는 할머니의 작은 문
그 문은 호령의 문, 비밀의 문
여닫는 순간에 부산해지던 새색시의 치맛자락
할머니는 문 안에서 미륵보살처럼 도를 닦으셨다
가문이여, 무너지지 말라, 무너지지 말라

말은 제물의 뼈를 통과하고
말은 만석꾼의 탐욕으로 피어
말을 믿어보던 주문의 날
몇 백 년 지나도 기억될 주춧돌을 캐내던 날도
말의 문은 굳게 닫힌 환각이었다

마당을 파서 묻은 비밀
화사花蛇로 담근 술에 잠들었던 저주가
말을 얻어 뱀 꽃 냄새로 피어났다
이제 모래의 울음, 사구로 변해버렸다
이제는, 이곳을 떠난다고, 꽃 문이 닫힌다고

제3부
삐딱하게

불 꺼진 집

불이 나갔다
윗동네 이장님의 방송 소리를 덤으로 듣는
경계선에 걸친 마을 끄트머리 집
산비탈 복사꽃 만발하고 화사한 꽃이 핀
순금이 집에도 5촉짜리 붉은 등이 나갔다
집 나간 언니의 옷고름처럼 측은하게 촛불을 켰다
그 불마저 나가니 영락없이 도깨비집이다
서글픈 소식도 어두운 흙담으로 던져진 날
하늘도 무심하다고
가뭄에 저수지 물을 퍼내던 사람들
언니의 집이 왜 저수지였을까?
슬프지만 작은 집에서 부대끼며 살던 자매
그리 찾았는데 거기서 떠오르니
불 나간 동네가 횃불 밝히며 수레를 옮겼다
뚝뚝 떨어지는 차가운 물
눈물로 돌아온 그녀

아스페리타스의 외출

초록이 울다 지치면 먹구름이 몰려온다
습한 바람으로 날릴 저녁도 온다
화가 나면 더 세찬 먹빛의 터널을 만들고
조물주가 만든 긴 밤 짧은 낮을 던진다

산빛에 걸린 오묘한 신의 옷자락
밤새 사락사락 내리는 빗길을 물었다
활활 타오르는 가슴을 숨겨둔 연옥
별보다도 아름다운 슬픈 망각
검은 눈물이 가득한 세상의 경계다

네가 바라는 자유는 어둠보다 밝고
내가 바라는 평화는 새벽만큼 조용하고
평등은 아침만큼 당당하다

너는 눈물의 방랑자
내 안의 숨만큼 고통스럽지 말기를

독한 무정에 아프지 말기를
통증을 앓는 가슴에 매립된 것들
사라질 수가 없는 슬픔의 징표이다

꿈틀거리는 세상을 그리는 화가들이여
다른 외출을 꿈꾸며 나설 낯선 성자여
그대는 레테의 푸른 꽃잎을 보았는가

좌초된 돛단배

출렁이는 바다의 몸살로
밤낮의 기운 들쑥날쑥
오갈 데 없는 쪽배가 물결에 흘러간다
작은 소용돌이 손짓도 무시하고
큰 먹구름 불러 놀고 있다

주인 없는 무지개 잡으러 가는
사냥꾼이 되어 버린 독수리
발톱에 걸린 풍장 치른 살점 하나
바람 노래 들어 행복한
그날로 돌아가기를

아이야
이제 고삐를 당겨라

뒤로, 뒤로

다
되돌아갔다

어릴 적 버스 안내양 목소리
안타깝게 되돌아온

한 차에 타고
뒤로, 뒤로

흔적을 되밟는 사람들
사이에 끼인

우리, 우리들의 꿈

부레

팽팽한 공기주머니의 주인을 찾는다
말단이라는 이름으로

사장도 부장도 차장도 아니고
일개 평사원이다

까라면 까야 하는 사회 질서를 익히는
숫된 막내를 가둔 사각 링

직장의 팽팽한 선로에 선 새내기
좌불안석 만보기는 일찍부터 채우고

붉은 눈동자로 퇴근한다
영혼은 퇴근하고 계속 공기는 재부팅 중

풍경을 읽다

길가에 이팝나무 소담하게 매달린 오월
빗물 뚝뚝 떨어뜨리는 한적한 버스 정류장
습기로 인한 한기가 가로등 불빛과 함께 등에 오르고
귀갓길 번거로움도 잠시 사람들과 정적을 나누어 타고
미끄러지듯 다시 정류장에 발을 내리면
갈 때는 파란 하늘에 시원한 바람
올 때는 어둠을 밝히는 달의 경호를 받는다

아픈 것들의 마을

비가 새는 지붕에 올라가 밤새 뚫린 곳을 메꾸고 내려
다보는 세월

천장에 얼룩만 져도 좋다고 내려앉지만 않으면 좋겠다
고 장마만 돌아오면 걱정, 또 걱정
없이 사는 사람들 더는 어깨 위에 누르는 힘을 당할 수
없고 당할 수밖에 없다는 것을 알고 산다

나이 들어 꿈쩍도 못 하는 사람들의 마을이 밤새 울었다
냇가도 넘치고 집도 넘치고 황소도 떠내려가고 돼지도
떠내려가고 멱살 잡은 하늘이 뭘 서운한 게 그리 많았는
지 다 떠내려가게 했을까?
여기저기 홍수 난 사건이 방송되고
팔순 노인들이 흙탕물 속에서 뭘 잡았는지도 모르고 버
티며 살려달라고 외치던 새벽도 지나갔다

아이들 웃음도 사라진 고향의 터줏대감들

황소와 돼지와 강아지들이 떠내려간 마을은 세대수가
더 줄었다

　물이 불보다 무섭다고 하더니 슬픈만큼 더 아픈 마을이
다

발치

한 놈 두 놈 이탈을 한다
주인이 참는 것도 한계에 도달하고
밤새 파고드는 말 못할 통증 앞에
굴복을 선언해도 안 되는 것
제 뿌리도 못 지키는 주인이 우습다
제 집을 지킨 지 반백년을 넘겼지만
이탈을 방조하는 주인
동고동락 세월의 흔적을 지우는
그 집 그 자리
세월을 되씹을 자신감도 줄어
너희를 보내고 먹는 죽 그릇이 눈물겹다

번 아웃

블랙 라인에 서 있는 사람들
고통스러운 고독과 싸우고
누구도 들여다보지 못하는 자리
자신을 갉아먹는 사람들과 대치 중
당신들은 거기서 날 조종하겠지만

작아지는 마음을 어찌 할 수가 없어

상처받은 자리가 어둡고 쓰라리고
되돌아가고 싶지 않은 곳에 날 가두는 순간
블랙 라인 칭칭 감아오고
옥상에서 바라본 하늘은 맑기만 하던데
지하철 마지막 승차 구간에 혼자 서 있다
저기 밝은 빛은 손짓하지만

가까운 거리에도 닿을 수 없는 버려진 상자처럼
머릿속은 까맣게 날 묶어 버렸으니

탈

뭇 소식을 만든 사람과 공감하는 사람의 차이에 갇혀
지내던 때
동격이라고 생각했어
차이가 있는 공간이 있고 과정이 있고 결론은 알 수가
없기도 하니
흐름을 이해하는 게 제일 중요했지

언어의 온도는 감지가 되는 비밀이니까

가벼운 탈을 쓰면 그나마 다행이겠지
무거운 탈을 쓰면 가벼운 게 생각나겠지
모두 벗고 사는 게 좋겠지만

누군가는 기회를 주고받고
같은 곳을 보자고 하고
누군가는 욕심을 부리고 있기도 해
〉

굿판에 탈춤은 왜 없는 걸까?

들썩

들썩

두 팔 들고

삐딱하게

외면을 당하면 더 서럽고 외롭다
가식을 느끼면 더 어두운 곳에 숨고
배신을 맞이한 가슴의 습지는 따라 운다

쌓이고
닫히고
맺힌
삐딱한 생각들

세상을 어루만져도 남는 티끌
가끔 그것마저 부러운 날
고개를 슬쩍 끄덕이지만
나도 모를 잠식에 깊이 파인다

메마른 황무지로 살기보다
수양버들이 부러웠던 여유
이름 모를 각박함으로

자꾸 몸 한쪽 포기한 듯 기울고
삼켰던 속울음 꽃비 맞으며 몸부림치고

당신과 함께 사는

가을볕 속으로
한 사내가 건널목을 건넌다

어둠이 지고 새로운 날이 시작되는 새벽의 문양이 선명
한 것처럼

시작되는 하루의 하늘에 마음 한쪽 던져주고 숨어있는
낮달에 눈빛 한번 던져주고 마른 입술 적시는 혀가 깔깔
함을 느낄 때

같이 깔깔함을 느끼고 싶다

갈대숲으로 날아간 가을 잎들이 다 사라진 후
첫서리에 놀란 국화가 삭아간다
검붉게 타는 노을을 바라보며
사내는 걸어간다
낯선 얼굴 스치며 가을 하늘을 올려다본다

가을볕에 익는 순간부터 삭아버리는 일에 몰두하는

오래전 차가운 무릎을 내어주며 담배를 피우던 당신,
떠나지 못하고 한철 안부를 묻는 나는

눈물 마르지 않은 손을 잡은 얼굴을 잊은 적 없다

연꽃

어머니 발뒤꿈치에 더부살이 사는
각질을 때려잡은 날은
갈라진 틈새에 잃어버린 시간이 붉게 흐른다
거친 살갗에 들이대는 까만 차돌
알지 못하는 숨은 무게를 깎아내리며
맑은 물 한 바가지로 마무리 짓고
안티푸라민 쓱쓱 바르시며 개운한 잠을 청하시던
어머니의 뒤꿈치 밤새 연꽃으로 피었다

일엽편주

내 마음을 다 헤아리는 사람이 되지 말아요
그냥 작은 돛단배 한 척이면 되니까요
담을 것 많아서 힘들어하지 말아요
버릴 것 더 많을 테니까요
떠나가는 한 잎의 낙엽이 된다고
지우며 살기를 원하지 말아요
새로 태어난 세상을
나누며 살아가야 하니까요
내 마음을 뒤집지 말아 줘요
더 이상 보여줄 게 없으니까요

쥐의 내면

어둠 속 고양이 발소리
내 심장 박동으로 퍼져
세상의 모든 공포는
내 안에서 태어나고 죽는다

번뜩이는 이빨은 나를 삼키려 하고
나는 이빨을 삼키려 한다
고양이는 내가 만든 구멍을 모르고
나는 나를 쫓는다

도망은 내 존재의 증명
숨을 곳은 오직
나의 내면
나는 내가 만든 길을 걸어간다

제4부
통증을 기다리는 법

통증을 기다리는 법

길을 물었지

선택 없는 길을
되돌아보지 않을 길을
눈물 흘리지 않을 길을
보고 싶지 않을 길을

불꽃으로 튀어 올라도
허공마저 뜨거울 길을
묻고 가는 길마저
사라지는 길을

누구도 걷지 못한 길을
홀로 걸었지

통증의 처방

그림을 그리는 저녁에 멈춘 얼굴
청자색 슬픔을 안은 밤안개
깊숙한 숨골 같은 거리에서
발바닥 지문 꾹꾹 찍힌 저녁에
항거하는 맨발의 살가죽을 내준다
모래인지 흙인지 돌인지
아스팔트인지 먼지인지 더듬더듬
세상을 처음 탐험하는 아기처럼
사뿐사뿐 내딛는 걸음
가슴을 부수어 꺼내놓는 진실의 꽃
길게도 짧게도 다가왔던 느낌
절실한 공존을 하고 싶은
내 몸부림의 진실

통증 1

어느 날의 호사가 과분한 기억이 된 날
당기는 힘줄 하나하나 부풀어 올라 나를 눕혔다
숨통이 붙은 자리마다 열꽃이 붉게 자리하고
꺾이며 지는 아픔이 할미꽃 줄기 닮았다

새가 포수의 사정거리 벗어나려 몸을 숙일 때
그 두려움과 절망을 무엇으로 표현할까?

가끔 타는 듯한 열기에 심장 쥐어 잡고
숨을 가다듬을 때 떠오르는 얼굴이 있다
진하게 박힌 미움의 싹이다
사라진 줄 알았지만, 문득 나타나는 고통

떨어진 낙과처럼 마음의 거리는 좌절을 읽고
쓰디쓴 에스프레소를 많이 닮아 간다
다시 일어나는 힘을 주는 통증처럼

통증 2

깊어지는 수렁이 되어가는 곳
그곳을 비추는 방사선의 투시 줄무늬
정조준하며 소리 없이 태워지는 암흑

살고자 발버둥 칠수록 통증은 더한 곳
일곱 날의 외침이
하루 한 시간이면 좋겠다는 말
해맑은 핏줄이 가늘어지며 시퍼렇게 울며 터진다

그래도 살아야겠기에
목숨줄 꼭 잡은 사람의 눈에 핏줄이 터진다

아침을 맞이하던 여유
점심을 달리던 능력
저녁을 누리던 행복은 잠시였다

아수라는 가까운 곳에 있었다

통증 3
— 자동 선택

괴로운 음성이다
갇힌 새장이다

날아가야 하는데
기억의 날개뿐이다

뜨거운 통증과
매콤한 주사기를 꽂고

하얀 시트 위에 누운
자유의 특권

이마저도 행복인 순간
연기로 사라지는 병동 뒷길을 바라본다

통증 4

살얼음을 그었다

감각이 사라진 날
핏줄은 할 일을 잊어버렸다
저곳은 무정부 나라처럼 난리법석인데
이곳은 냉랭한 기운만 도는 정지상태다

곳곳에 무궁화를 심고
텃논 고랑마다 우렁이 살고
수로에 미꾸라지가 지천이듯
고향집 만들어 보고 싶은 너를
꼭 안아주던 사람이 먼저 간 길

옥수수 여무는 여름날에
좀비처럼 터벅터벅
세상에 내놓고 항거할 수 없는 몸뚱어리
껍데기도 없으니, 영혼도 가출

차가운 나라 반쪽은 외출 금지다

통증 5
— 폭식

마지막 겨울인 줄 알았다
무참히 짓밟히는 자유의 목울대
거짓말이라고 넘기고
고름이 터져버린 것
터져버린 진실은 돋아날 테니

속이 타 차가운 빙수에 매달렸다
영하의 날씨에 극악한 차가움
은박지 둘둘 감은 키세스 땅바닥에 누웠고
통증의 하얀 눈, 밤새 내렸다
자유, 자유, 자유의 목마름

밤이 낮인 양 두 눈 부릅뜨고
화면 속에서 펼치는 불온의 현장을 보니
십 년 묵은 체가 다시 올라온다
꾸역꾸역 누르며 모자람의 허기를 채워
꿈틀거리는 내 안의 그것을 만난다

〉

폭동의 날

폭식의 날

특별 선물을 한 것들

미련 없이 어둠의 그물을 던져 준다

고기들 배부르겠다

어미 새

바람의 기척에 먼지는
더 높이 휘돌아오고

앙상한 모과나무를 바라보면
당신의 목소리가 생각나요

마른 수국 한 송이 고개 숙인 모습은
가슴 아파하시던 어머니

겨울 삭막은
지독한 그리움으로 오는 것일까?

가벼운 깃털 같다는 말이 싫어
긴 밤을 내준 작은 새

아픈 말 더 듣고 싶은 나이
깊은 뜻 헤아리며 불러도 사라진 당신

〉
가장 긴 허물 벗기듯 보낸 편지
무언의 시간과 함께 되돌아온

허기는 바람에 던지고
눈물 바람으로 불러본다

엄마야,

백일홍 피던 날

아픔이 긴 밤
꿈길보다 더 푸른 길을 걸어두었다

아무도 찾지 못하게
골목 끝 담 벽돌 속에 숨겨 놓고
뒤도 돌아보지 않고 뛰었다
우리가 알지 못한,
기포가 떠다니는 길을 밟고 다니다가도
헛디딘 자리 물컹거리며 다시 가까워지니
걸어두기를 반복하는 새벽을 만나고

어렴풋이 지샌 밤
백일홍 분홍치마를 곱게 다림질했다

아그배가 익어가는 팔월
삶의 무게도 울부짖는
그때, 많이 떫었겠지

시디신 맛 닮은 너를 알아

청춘 바친 멍든 배터리

도구로 살아가는 자리에서 널 볼게

흐릿한 창밖의 붉은 노을,

틈을 태우며 널 데려가려 하지만, 놓지 않으려 해

너의 아픈 기억만 남는 게 아닌 세상 만나려고

백일홍꽃 널 붙잡는 거야

로망

　판타지 영화가 대세일 때 주인공은 내가 됐으면 하고 개꿈 같은 개꿈을 꾸기도 했지

　나를 사랑하라는 보약 같은 이야기를 듣는 척만 했던 미련한 시간을 다시 꺼냈지 백담사 계곡에 돌탑을 쌓으며 영원한 그의 로망이 되게 해달라고 밤이 깊도록 두 손 모아 빌어도 봤지만, 뒤도 돌아보지 않고 떠나간 너

　갈 때는 막 나온 신차 대우의 조카 르망 1818을 타고 가더라

　그의 차마저 나를 기만하고 달려가더라

쓸쓸한 사라짐

닿기도 전에 사라지는 마을
아픈 세상은 따뜻한 자락에 눕고 싶다
태양의 사라짐을 기다리는 늙은 어부의 갈증
강변 살자고 노래하던 우리의 영상
떠다니는 깃털은 몸 안에 걸쳤던 허물이다
허물을 파먹는 물고기를 놔준 사람
작은 것부터 아삭아삭 갉아먹는 누에를 키우고 있다
소멸하지 않는 먼지를 찾아 풍선을 분다
너도 번데기가 되기 전에 허물을 벗어봐
가장 아픈 살갗에 허물로 남은 순간을
너라고 부르고 싶다

광합성

인연의 실타래를 풀다 보면
아득한 먼 강가 안개가 보일 때가 있다
복잡한 인연의 부름을 뒤로 한
반쪽의 그림자를 놓는 마음이겠다

그렇게 바라보다가
한쪽 손 놓고
가는 날 뒷모습 보며
남은 손 놓고

저기, 엽록소 닮은 색으로
태양에 닿는 편지를 써 보니
올록볼록 새김보다 편안한 숨쉬기
멈출 수 없는 우주의 선물

그렇게 바라보다가
다친 발 놓고

초록 커피 마시며

남은 발 놓고

초록 부처가 세상에 오시던 날

눈물이 나는 날은

지쳤어
허공에 외치는 내 목소리
이제 내주고 싶다

죽다 살아난 후
다시 세상을 만나
웃고 울고 먹고 자고
바람 사이로 보이는 날에는
조용히 조용히 나를 덮는다

행여 내 옷깃을 잡는 손이여
그냥 잡지 말고 지나가라
애써 날 막지 말고,
눈물이 걷는 길에
바람을 부를 수 있도록

까막까막 들녘에 까마귀 꽃이 날리고

서랍 속에 감춘 말

간지러워 하지 못한 말
미안해서 미뤄뒀던 말
갔던 말도 오지 못한 말
시퍼런 곰팡이 피어난 말
다독다독 꽃핀 말
물병자리 뜰 때까지 참았던
그 말 한마디 감췄네
그 말 꺼내던 날
울컥울컥 받아내던 말
"사랑한다고"
그 말은 꽃이 피어
상처는 아물어가고

고해

손톱이 스쳐 갔을 뿐인데
누런 고름이 나오고
쓰라림보다 패여 버린 상실은 박혀 울고
누가 구세주가 될지
지나가는 노숙자의 사철 지난 외투가 될지
서로의 몸 구석구석을 더듬다 파인 곳 다다르면
어김없이 물러서는 전술
고독은
냄새 없는 풍경으로 다가오기도 한다
평평한 시골길을 걸어도 남는 향
눈을 돌려 버렸다
자기애로 똘똘 뭉친 그의 곁에는
겨울을 난 소나무 송진과 바랜 상처가
사이좋게 매달려 있었다

상처의 감각과 식물성의 윤리

황정산(시인, 문학평론가)

1. 들어가며: 사라지지 않는 상흔과 통증의 기억

우리의 삶은 상처의 연속이다. 잠시의 쾌락으로 이 상처의 고통을 잊거나 덮는다고 해도 상흔은 사라지지 않고 고통의 기억은 끊임없이 다시 소환된다. 황은경의 시는 이 상처와 고통에 근원을 두고 있다. 특히 사라진 뒤에도 남아있는 아픔들에 대한 예민한 감각에서 출발한다. 상처는 사건이 아니라 형식이고, 통증은 순간이 아니라 기억의 구조다. 그래서 이 시집에서 상처는 피부의 흉터에만 머물지 않는다. 그것은 사물의 표면과 장면의 배치, 말의 궤적과 계절의 리듬에까지 번져 있는, 느리지만 확실한 식물성의 시간으로 작동한다.

이 시집의 첫 시 「온전한 것」의 화자는 "사각의 틀을 비집고 나오는 혼탁의 중력"을 감지하고, "함부르크 법전의 정의"와 "니체의 다리"를 붙잡아 물어보겠다고 말한다. 이 비유는 법과 윤리, 철학과 정의가 상처 앞에서 얼마나 불완전한지 폭로하면서도, 동시에 온전함을 향한 끈질긴 질문을 우리에게 던진다. 상처는 부재의 증명이 아니라, 관계의 재개를 요구하는 신호다. 그래서 화자는 "아직은 사위지 못한 온전한 것의 자리는 만들지 못했으니 만나야겠다, 그대를 꼭"이라고 말한다. 그대는 상처 이전의 자아가 아니라, 상처 이후에도 나와 함께 살아야 할 타자이며, 아직 오지 않았으나 반드시 와야 하는 치유의 다른 이름이다.

이 시집을 관통하는 정조는 슬픔이지만, 그것은 우울의 정지상태가 아니라 윤리적·생태적 민감성으로 확장되는 슬픔이다. 시집 곳곳에 뿌리, 잎, 겨울눈, 광합성, 나무, 꽃, 초록 같은 이미지가 질료처럼 배치되고, 그 식물성은 견딤, 가꿈, 되살림의 순환적 리듬을 제공한다. 이 리듬이야말로 황은경 시가 개인의 서정을 넘어 공공의 윤리로 확장되는 주된 방식이다. 상처는 개인의 사건이지만, 식물적 생장의 시간 속에서 세상을 대하는 삶의 방식으로 성숙한다.

2. 상처의 흔적과 재생되는 통증: 신체의 기억에 서 공동체의 상흔으로

　황은경의 상처 서사는 육체의 표면에서 출발하지만, 곧 신체−기억−세계의 연쇄로 확장된다. 다음 시 「하얀 나비」가 그 전형을 보여준다.

　　라인이 예쁜 활명수 병을 만지면
　　어릴 적 내 아픈 배를 쓰다듬던 손이 떠올라
　　거친 깍쟁이가 붙은 조개껍질 느낌
　　찬물에 담근 손은 차가웠고
　　손을 떼면 더 아프다고 뒹굴었던 시간이

　　자꾸 날 울려

　　배를 갈라 자식을 꺼낸 자리 쓰다듬으며
　　자식 키우던 출렁이는 삶 신기루처럼 사라져
　　남아있는 흉터가 올라와

붉게 국경을 만들어

울퉁불퉁

하얀 나비로 날아간 나뭇잎처럼 물드는
마른 꽃 같은 마음은, 숨 쉬는 일도 두려운 출렁거림은

엄마, 울컥울컥 이별을 생각하며 살지 않을래

—「하얀 나비」 전문

활명수 병을 더듬는 촉각은 이 시의 첫 인식이 어디에
서 시작되는지를 보여준다. 피부의 기억, 즉 "아픈 배를 쓰
다듬던 손"의 감각이 시적 화자를 현재로 불러오고, 거친
조개껍질과 찬물의 온도 차는 통증의 사실성을 재현한다.
"손을 떼면 더 아프다"는 문장은 돌봄의 부재가 곧바로 고
통의 증폭으로 이어짐을 증언한다. 이때 재현되는 개인의
아픔은 단지 사적 고통의 회고가 아니라, 타자와의 접촉이
끊겼을 때 세계가 얼마나 급속히 더 날카로운 고통으로 가
득 차게 되는지를 보여주는 인식의 출발점이다.

"배를 갈라 자식을 꺼낸 자리"는 신체의 상처를 분만의
기억과 겹치면서 사적 고통을 타자 탄생의 조건으로 역전

시킨다. 그 상처는 사라지는 것이 아니라 "붉게 국경을 만들어" 더 도드라진다. 이 선명한 국경은 신체의 봉합선이면서 동시에 사회적 경계의 비유다. 피와 살의 경계가 국가와 집단의 경계로 확대될 때, 상처는 더 이상 개인의 사건이 아니라 세계를 구획짓는 차별의 울타리가 된다. 시인은 피부 위의 선을 통해 세상의 경계선, 즉 배제와 구획의 선을 인식한다. 고통은 이렇게 지도를 그린다.

이 경계선에서 떠올리는 "하얀 나비"는 상처의 표면에 앉는 가벼운 존재이자 한국적 상징체계에서 혼과의 이별을 떠올려 준다. "나뭇잎처럼 물드는" 흰 나비는 한 송이 생의 잎이 색을 잃고 다른 색으로 스며드는 장면을 보여준다. 나비의 가벼운 날갯짓은 슬픔의 가벼움이 아니라, 너무 가벼워 어떤 곳에도 오래 머물 수 없는 상실의 부유 상태다. 그 앞에서 "마른 꽃 같은 마음"은 압화처럼 눌려 고정된 채 살아있고, "숨 쉬는 일도 두려운 출렁거림"은 트라우마로 생긴 생리적 동요를 말하고 있다.

하지만 이 시는 상처를 미화하지 않는다. "붉게 국경" "울퉁불퉁" 같은 어휘들은 화려한 수사가 아니라 촉각적 진술이며, 그 위에 내려앉는 "하얀 나비"는 비극을 꾸며주는 장식이 아니라, 상처의 불안정한 흔들림을 말해주는 표식이다. 나비의 흰빛은 덮어 감추는 백색이 아니라, 더 선명하게 드러내는 반사광처럼 작동한다. 그래서 마지막 "이별을 생각하며 살지 않을래"의 다짐은 미리 떠나가며 거리를 확보하는 안전한 슬픔을 거부하고, 떠나간 것들, 이를테면 사라진 손길, 출렁이던 삶, 경계 너머의 타자를 현재의 접촉 속에 다시 불러들이는 일이기도 하다.

이렇게 봤을 때 이 시 「하얀 나비」는 개인의 상처 서사를 세계 인식의 출구로 전환하는 작은 모형이다. 화자는 자기 배 위의 선을 만지며 세계의 선을 본다. 그리고 그 선을 더 두껍게 그리는 대신, 그 위에 나비를 앉혀 흔들리는 접촉을 감수한다. 이 흔들림이야말로 고통을 타인의 언어로 번역하는 움직임이며, 개인의 아픔으로부터 세상의 고통을 알아보고 응답하는 윤리적 실천의 시작이다.

상처는 기억과 징후로 재생되고, 그 기억은 그림자의 형식으로 우리를 따라다닌다. 「그림자의 고향」이 이를 잘 보여준다.

그늘로 사느라고 애썼다

이제, 헤어져야 할 시간

뗄 수 없던 방황의 징검다리

나무로 살던 그림자

사람으로 살던 그림자

꽃과 나비로 살던 그림자

서산으로 뉘엿뉘엿 지던 노을의 그림자

가둘 수 없는 망망대해 허공

너의 그림자 웃기도 울기도 하는 순간

허물을 벗는 인간의 나약함

집도 절도 없는 고독한 발칙함으로

―「그림자의 고향」 전문

　시의 화자는 "나무로 살던 그림자/사람으로 살던 그림자/꽃과 나비로 살던 그림자" 등 수많은 삶의 그림자를 호명하여 상처의 다층적 자취를 더듬는다. 여기서 그림자는 부정적 잔여가 아니라 존재가 통과해 온 세계의 압축 공간이다. 이 그림자들에 시인은 "집도 절도 없는 고독한 발칙함"을 부여한다. 이렇게 상처는 유랑의 형식으로, 고독은 자기 응시의 힘으로 변모한다.

　이럴 때 상처는 재발하고, 통증은 변주된다. 시인은 이런 통증을 기피하지 않는다. 그 대신 응시하고 호명하여 그것과 마주한다.

어느 날의 호사가 과분한 기억이 된 날

당기는 힘줄 하나하나 부풀어 올라 나를 눕혔다

숨통이 붙은 자리마다 열꽃이 붉게 자리하고
꺾이며 지는 아픔이 할미꽃 줄기 닮았다

새가 포수의 사정거리 벗어나려 몸을 숙일 때
그 두려움과 절망을 무엇으로 표현할까?

가끔 타는 듯한 열기에 심장 쥐어 잡고
숨을 가다듬을 때 떠오르는 얼굴이 있다
진하게 박힌 미움의 싹이다
사라진 줄 알았지만, 문득 나타나는 고통

떨어진 낙과처럼 마음의 거리는 좌절을 읽고
쓰디쓴 에스프레소를 많이 닮아 간다
다시 일어나는 힘을 주는 통증처럼

—「통증 1」 전문

이 시에서 화자는 고통을 회피하지 않고 그것에 맞선다.
화자는 "당기는 힘줄 하나하나 부풀어" 오르는 신체 감각
과 "숨통이 붙은 자리마다" 피어나는 열꽃을 정면으로 묘
사한다. 통증을 외부적 사건이나 관념으로 무화시키지 않
고, 몸의 여러 부분들, 즉 힘줄, 숨통, 열꽃에 박아 넣는 데

서 이 시의 의미가 형성된다. 아픔을 추상화해 무력화하지 않겠다는 태도, 곧 고통의 모양·온도·굳기를 끝까지 응시하겠다는 시인의 결심이 형상화된 것이다.

이때 "할미꽃 줄기"라는 비유는 이 결심의 방향을 바꾼다. 꺾이며 지는 노쇠의 식물성 형상은 아픈 패배가 아니라, 꺾임을 받아들여 자기 형태로 다시 서는 굴절의 미학이다. 통증을 견디는 덕목은 강철의 직진이 아니라 식물의 굴신임을, 시는 이 노년의 줄기로 우리에게 말한다. 이어지는 "새가 포수의 사정거리"를 벗어나 몸을 낮추는 장면은 공포의 생존본능을 드러내지만, 동시에 질문을 연다. "그 두려움과 절망을 무엇으로 표현할까?" 시적 화자는 도망이 아니라 언어로 살려내려는 의지, 곧 맞섬을 선택한다.

결국, 이 시가 보여주는 것은 견딤이 아니라 직시다. 그것은 통증을 감각의 표면에 붙잡아 두고, 굴신의 자세로, 언어의 질문으로, 미운 환부를 인정하는 용기로 맞서는 일이다. 그렇게 화자는 고통을 제거의 대상이 아니라 의미화의 동력으로 호출한다. "좌절을 읽고" "쓴맛을 닮아" 가는 과정 끝에 얻는 것은 승리의 함성보다도, 실패를 발생시키는 구조와 감정을 내면에서 가공해 내는 조용한 회복 기능이다. 이 시는 그 기능을 되찾는 순간을 미세한 촉각과 절제된 비유로 포착하며, 아픔을 다시 살아 나가는 기술로 바꾸어 낸다. 황은경의 시에서 통증은 처벌이 아니라 생의 또 다른 문법이다.

황은경의 시들은 개인적 상흔을 공동체적 상처의 지형으로 확장하기도 한다. 「아픈 것들의 마을」은 홍수의 밤을 통해 고향의 쇠락과 노인의 무력, 떠내려가는 가축들, 방송 화면의 차갑게 소비되는 재난을 포착한다. "물이 불보다 무섭다"는 속담의 환기는 사회적 재난의 체험을 공유 감각의 차원으로 끌어올린다. 상처의 공동체에서 아픈 것들은 짐이 되는 나약함이 아니라 연대의 조건이 된다. 시는 재난을 스펙터클로 소비하지 않고, 울음과 버팀, 기억이라는 삼중의 장치로 구조로 재배치한다. "자동 선택"이라는 부제의 「통증 4」에서 "하얀 시트 위에 누운/자유의 특권"은 병원의 침대라는 역설적 공간을 통해, 취약성의 권리를 사유하게 만든다.

3. 치유와 식물적 윤리: 광합성의 언어, 뿌리의 시간

이 시집의 시들에서 가장 빛나는 발견은 상처를 식물적 시간으로 번역하는 데 있다. 식물성은 느림 · 잠복 · 축적 · 환류의 리듬을 지시하며, 그 리듬은 치유의 윤리를 구성한다. 치유는 타인의 고통을 간단히 봉합하는 친절이 아니라, 뿌리처럼 오래 버티고 잎처럼 천천히 열리는 실천이다. 이에 대한 가장 분명한 선언은 「광합성」이다.

인연의 실타래를 풀다 보면
아득한 먼 강가 안개가 보일 때가 있다
복잡한 인연의 부름을 뒤로 한
반쪽의 그림자를 놓는 마음이겠다

그렇게 바라보다가
한쪽 손 놓고
가는 날 뒷모습 보며
남은 손 놓고

저기, 엽록소 닮은 색으로
태양에 닿는 편지를 써 보니
올록볼록 새김보다 편안한 숨쉬기
멈출 수 없는 우주의 선물

그렇게 바라보다가
다친 발 놓고

초록 커피 마시며

남은 발 놓고

초록 부처가 세상에 오시던 날

—「광합성」전문

　이 시는 상처와 이별의 통증을 식물적 태도로 회복해 가
는 과정을 보여준다. 제목이 곧 해석의 열쇠다. 광합성은
빛·호흡·시간을 통해 상처를 에너지로 바꾸는 식물의
기술이다. 시적 화자는 관계의 매듭을 억지로 끊지 않고
"인연의 실타래를 풀다 보면"이라고 말한다. '풀다'는 폭력
의 반대어다. 실마리를 찾아 천천히, 고통이 터지지 않게
결을 따라 흐트러뜨리는 행위다. 그 과정에서 보이는 "아
득한 먼 강가 안개"는 경계가 흐려지는 임계 공간이다. 이
안개 속에서 화자는 "반쪽의 그림자를 놓는 마음"에 이른
다. 상실의 고통을 억압하거나 소거하지 않고, 결핍을 또
다른 반쪽으로 인정하며 스스로의 그림자를 내려놓는 선
택을 한다.
　시는 이어 "그렇게 바라보다가/한쪽 손 놓고 … 남은 손
놓고"로 이어진다. '바라봄'이 선행되고 '놓아줌'이 뒤따른
다. 즉흥적 단절이나 격렬한 결별이 아니라, 충분히 응시

한 뒤 단계적으로 끊는 식물적 템포이다. 식물은 급히 도망치지 못한다. 대신 빛의 방향을 오래 바라보고, 서서히 방향을 틀며, 결국 뿌리와 잎의 균형으로 생을 지탱한다. 이 시의 '놓음' 역시 그런 느린 조절이다.

이 시에서 주목해 봐야 할 것은 "초록 커피"라는 표현이다. 커피의 쓴맛은 고통의 감각을 떠올리지만, 초록(엽록소)의 색은 그 쓴맛을 에너지로 전환하는 식물의 생명력의 표현이다. 쓴 것을 마시며 살아내되, 그 쓴맛을 흡수해 새로운 당분으로 합성한다는 역설적 조합이다. 이 이미지 다음에 오는 "초록 부처가 세상에 오시던 날"은 식물성 태도와 깨달음의 접속을 명료히 한다. 부처는 집착의 끈을 놓음으로 깨닫는다. 이 시의 "초록 부처"는 놓아줌(무집착)과 광합성(합성·전환)이 만나는 지점, 즉 생태적 깨달음의 표상이다. 이 깨달음은 면벽 수행으로 도달하는 금욕이 아니라, 빛과 숨을 통해 상처를 에너지로 바꾸는 지속 가능성의 미학 다름 아니다.

다음 시 「겨울꽃」에서 상처는 계절과 식물의 언어로 번역된다.

사랑이 뻗어가던 자리를 자르고
외투를 덮어주었네

잎 하나 허투루 버려지지 않았지
가벼이 사라진 것들이
무거운 뿌리가 되어
긴 시간 서로 눈 맞춤하며
침묵을 배우는 동안

잎 진 자리에
마데카솔 가루처럼 하얀 눈이 내리고
하늘이 덮어주는 온기만으로
상처는 깊고 푸르게 잠들었어

믿어볼게요
상처에 간힌 영혼이
옹알이처럼 미약한 빛으로
스스로를 터뜨릴 순간을
깊은 겨울의 끝에
아름다운 사랑은
무엇 하나 조건 없이 피어날 것을

—「겨울꽃」 전문

"사랑이 뻗어가던 자리를 자르고/외투를 덮어주었"을

때, 자름과 덮음은 억압의 동사가 아니라 돌봄의 기술이 된다. 잎을 "허투루 버려지지 않"게 관리하는 자세는 상실의 애도를 성장으로 바꾸는 창조적 행위이다. 마데카솔 가루처럼 내리는 눈, 하늘이 덮어주는 온기, "깊은 겨울의 끝"에 맞이할 "무엇 하나 조건 없이 피어날" 사랑이라는 시상의 진행은 회복을 희구하는 상처의 미학이다. 회복은 사건의 역전이 아니라 시간의 길게 늘임 속에서 나타난다.

이 시는 식물성의 다른 이름, 즉 휴면과 은닉의 기술을 보여준다. 잎을 자르고 외투를 덮는 일은 가혹한 절제가 아니라 꽃을 위한 겨울의 혜택이기도 하다. 눈은 상처 위에 뿌려진 "마데카솔 가루"처럼 사소하지만, 그 사소함이야말로 치유의 물질성을 증언한다. "깊은 겨울의 끝에" 피어나는 것은 승리의 상징적 꽃이 아니라, "무엇 하나 조건 없이 피어날" 환대의 꽃이다. 황은경의 치유는 효율·성과·보상의 계산을 넘어, 무상(無償)의 개화를 상상한다. 식물성의 상상력이 있기에 가능한 일이다.

이런 식물적 상상력은 생태주의적 시각과도 연결된다.

우주가 멀리 있는 줄 알았다

황소의 마지막 워낭소리 들으며

슬프다 못해 아팠던 어린 마음

풀썩 주저앉던 서러움
토끼풀꽃 한 움큼 쥐어뜯고
세상에 터진 울음소리

아침과 저녁을 밝히는 빛의 집
사람의 머리 위에 저 태양이라는 등
사람의 마음 위에 저 달이라는 등
사람이 대체 뭐길래 자연은 조연이고
사람은 대체 뭐길래 항상 주연일까?

연하게 돋아 단단한 결을 만나
화사한 꽃을 피우기까지 흘러가야 할
시간이 짧은 몸의 꽃길을 보라
당신은 우주다

—「몸의 꽃」전문

이 시에서 화자는 "사람의 머리 위에 저 태양이라는 등/
사람의 마음 위에 저 달이라는 등"은 인간 중심주의적 사
고가 우리의 삶에서 얼마나 오래 습관화되어 있는지 문제
삼는다. "사람이 대체 뭐길래 자연은 조연이고/사람은 대
체 뭐길래 항상 주연일까?"라는 물음은 식물적 주체성을

생각하게 한다. "연하게 돋아 단단한 결을 만나/화사한 꽃을 피우기까지"의 시간은 인간의 기계적, 직선적 시간보다 곡선적, 생태적 시간에 가깝다. 여기서 치유는 '나를 고치는 일'이 아니라, 나 아닌 것들과 함께 생을 다시 구성하는 일이다. 그리하여 화자는 "당신은 우주다"는 결론을 내린다. 이는 자기 긍정의 과잉이 아니라, 생태적 상호의존의 자각이다.

식물적 윤리는 거리의 윤리와도 연결된다. 「먼 곳에 있다」에서 화자는 급하지 않기를 기도한다. 식물은 줄기와 잎을 무한히 뻗는 존재가 아니라, 빛과 물의 조건을 기다리며 세포의 방향을 조절하는 존재다. 이 기다림의 기술이 바로 관계의 기술이다. 가깝게 밀리지 않을 사이, 이는 타자를 향한 접근을 멈추는 것이 아니라, 타자가 자라날 공간을 남기는 것을 의미한다. 상처를 둘러싼 돌봄은 장소를 만들고 시간을 선물하는 일이다.

이 식물적 윤리는 상처의 누수까지 포괄한다. 「누수」에서 "진물이 터져버린 구멍/새어나가는 길이 방법이라면 꼭 가야겠지"라는 문장은, 봉합의 강박에서 존재를 해방시킨다. 흘러나감은 파괴가 아니라 압력의 배분이며, 통증을 나누어 갖는 일이다. 상처는 완벽한 밀폐가 아니라, 적정한 누수를 통해 살아남는다. 이것이 식물적 자세의 핵심이다. 식물은 상처 난 줄기를 코르크층으로 막고, 다른 길로 수액을 우회시킨다. 인간 역시 누수를 인정할 때, 다른 순환을 설계할 수 있는 것 아니겠는가.

이런 태도는 기억과 사랑의 언어에서도 확인된다.

物병자리 뜰 때까지 참았던
그 말 한마디 감췄네
그 말 꺼내던 날
울컥울컥 받아내던 말
"사랑한다고"
그 말은 꽃이 피어
상처는 아물어가고

—「서랍 속에 감춘 말」 부분

"물병자리 뜰 때까지 참았던/그 말 한마디"는 "사랑한다고"로 밝혀지며, "그 말은 꽃이 피어/상처는 아물어" 간다. 사랑은 치유의 마술이 아니라, 적시에 꺼낸 말의 고유한 특성이다. 말이 피는 꽃이라는 이 이미지는 언어의 식물성을 잘 보여준다. 언어는 감정의 토로가 아니라, 빛과 때가 맞아야 피어나는 꽃이다. 그때 상처는 사라지지 않고, 다른 질감으로 아문다.

시집의 표제작인 「아스페리타스의 외출」은 이 모든 감각을 한 장면에 겹쳐놓는다.

초록이 울다 지치면 먹구름이 몰려온다
습한 바람으로 날릴 저녁도 온다
화가 나면 더 세찬 먹빛의 터널을 만들고
조물주가 만든 긴 밤 짧은 낮을 던진다

산빛에 걸린 오묘한 신의 옷자락
밤새 사락사락 내리는 빗길을 물었다
활활 타오르는 가슴을 숨겨둔 연옥
별보다도 아름다운 슬픈 망각
검은 눈물이 가득한 세상의 경계다

네가 바라는 자유는 어둠보다 밝고
내가 바라는 평화는 새벽만큼 조용하고
평등은 아침만큼 당당하다

너는 눈물의 방랑자
내 안의 숨만큼 고통스럽지 말기를
독한 무정에 아프지 말기를

통증을 앓는 가슴에 매립된 것들
사라질 수가 없는 슬픔의 징표이다

꿈틀거리는 세상을 그리는 화가들이여
다른 외출을 꿈꾸며 나설 낯선 성자여
그대는 레테의 푸른 꽃잎을 보았는가
— 「아스페리타스의 외출」 전문

　먹구름과 연옥, 레테와 새벽, 자유·평화·평등의 밝기 등, 이 대립항들을 가르는 것은 선언적 구호가 아니라 식물적 감응이다. "네가 바라는 자유는 어둠보다 밝고/내가 바라는 평화는 새벽만큼 조용하고/평등은 아침만큼 당당하다"는 자유·평화·평등의 구호는 자연의 변화 리듬에 맞물려 재정의된다. 이때 예술가는 "꿈틀거리는 세상을 그리는" 존재, "낯선 성자"로 호명된다. 그는 망각을 상징하는 레테의 강가에서 망각을 망각하지 않는 법을 배운다. 잊어야 살 수 있지만, 완전한 망각은 다시 폭력을 낳는다. 식물의 기억이 그러하듯, 희미한 저장, 느린 복원, 부분적 개화, 바로 이것이 이 시가 제안하는 치유의 정동이다.

4. 맺음말: 상처 이후의 삶, 느린 개화의 윤리

이 시집 『아스페리타스의 외출』은 상처를 제거해야 할 결함으로 보지 않는다. 오히려 상처는 살아있음의 감각을 되살리는 기관이 되고, 통증은 다른 시간을 열어젖히는 문틈이 된다. 이 시집의 세계에서 치유는 사건이 아니라 습관이며, 습관은 식물의 리듬, 즉 빛을 기다리고, 물을 저장하고, 겨울을 통과하며, 봄을 준비하는 바로 그 리듬을 닮아간다.

황은경의 시들에서 개인의 상처는 공동체의 아픔으로 연결되고, 통증은 두려움이 아니라 윤리적 배려로 전환된다. 또한, 사랑은 감정의 과잉이 아니라, 자연의 시간을 닮은, 말의 정확한 때맞춤으로 피어나고, 기억은 잊힘과 함께 다른 층위에서 계속 자라난다. 무엇보다 이 시집은 우리에게 급하지 말기, 가까워지되 쉽게 하나가 되기를 멈추기, 누수의 통로를 마련해 두기, 빛을 기다리는 법을 배우기를 가르친다. 이것이 황은경이 제안하는 식물적 윤리이며, 상처 이후의 삶을 위한 개화의 느린 기술이다.

황은경의 시는 묻는다. "사람이 대체 뭐길래 자연은 조연이고/사람은 대체 뭐길래 항상 주연일까?"(「몸의 꽃」) 이 물음 앞에서 우리는 주연의 자리를 조금 비켜선다. 그리고 근처의 빛, 이웃한 물, 멀리서 다가오는 삶의 징후들을 향해 몸을 돌린다. 그렇게 한발 비켜선 자리에서, 상처의 감각은 타자와 세계를 향해 열려 있는 감응의 표면으로 변한다. 그 표면 위에서, 겨울에도, 누수 중에도, 통증의 밤에도 식물은 빛을 잃지 않는다는 사실을 그리고 그 느린 빛 속에서, 우리 역시 조건 없이 피어날 가능성이 있다는 것을 우리는 마침내 배운다.

애 지 시 선